地方自治体の補助金にみる政治的中立性

石川県MICE助成金不交付問題

榊原秀訓 著

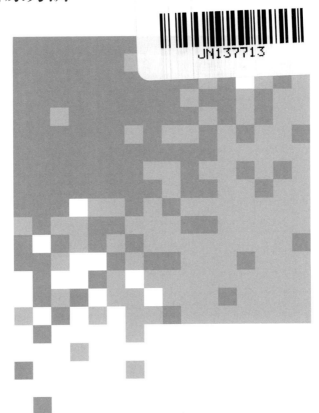

自治体研究社

はしがき

　2015年7月25日から27日まで、金沢市内の会場において、石川県、石川県議会などの後援も受け、第57回自治体学校が開催され、全国から多くの方が参加しました。しかしその裏で、「石川県MICE誘致推進事業助成金交付要綱」（以下「MICE助成金交付要綱」）に基づく「石川県MICE誘致推進事業助成金」（以下「MICE助成金」）が、「政治活動を目的とするもの」として交付されませんでした。MICE助成金を交付する「公益社団法人石川県観光連盟」（以下「観光連盟」）は、形式はともかく、事務局は石川県観光戦略推進部観光振興課（課名は当時）にあり、実際のやり取りはこの観光振興課との間でなされています。

　「MICE」とは聞き慣れない言葉かと思いますが、観光庁の説明によれば、「MICEとは、企業等の会議（Meeting）、企業等の行う報奨・研修旅行（インセンティブ旅行）（Incentive Travel）、国際機関・団体、学会等が行う国際会議（Convention）、展示会・見本市、イベント（Exhibition/Event）の頭文字のことであり、多くの集客交流が見込まれるビジネスイベントなどの総称」のことです。また、「MICEは、企業・産業活動や研究・学会活動等と関連している場合が多いため、一般的な観光とは性格を異にする部分が多いもの」とされ、「観光振興という文脈でのみ捉えるのではなく、MICEについて、『人が集まる』という直接的な効果はもちろん、人の集積や交流から派生する付加価値や大局的な意義に

ついての認識を高める必要」があるとされますが、このことから、MICE助成金が他の補助金等とどのように異なるのかは明確ではありません。

　このMICE助成金不交付の事例は、近年、安倍政権の下で起こってきた、改憲が政治的課題としてあげられてきたことを受けて、全国の自治体において、政治的中立性を強調して、憲法集会の後援を取り止めるであるとか、公園などの特定の場所の利用を拒否するといった事例と連続するもののように考えられるので、一般的に、その状況をみておきたいと思います。

　後援中止の場合、裁判で争おうとしても、訴訟技術的に難しい点もある一方で、特定の場所を利用するとか、「9条俳句訴訟」のように「公民館だより」への掲載拒否といった問題については、裁判になり、裁判所が憲法や法令に照らして、自治体の対応を違法と判断する事例も少なくありません。例えば、埼玉県さいたま市において、「梅雨空に『9条守れ』の女性デモ」という俳句の「公民館だより」への掲載拒否をした「9条俳句訴訟」（さいたま地判平成29［2017］年10月13日LEX/DB25547455）、神奈川県海老名市における自由通路での「アベ政治を許さない」と記載されたプラカードなどを持って静止する行為等に対して、今後条例上の禁止行為を行わない旨の命令をした「フラッシュモブ事件」（横浜地判平成29［2017］年3月8日判例自治431号31頁）、大阪府松原市中央公園の使用につき、後援等承認がないまつりに使用を許可することは公園の管理上支障があるとした「民商まつり事件」（大阪地判平成28［2016］年8月30日LEX/DB25544238、大阪高判平成29［2017］年7月14日LEX/DB25546145）などです。

　また、裁判所での判決に至る前に、憲法違反を認めて自治体の

側からの謝罪によって解決に至った、姫路駅北にぎわい交流広場における「西播労連主催のイベント中止事件」や、なお争いが完全に解決したわけではないものの、人権救済申立てを受けて、弁護士会が市と実行委員会に参加を拒否しないよう要望書を出した「国分寺市公園まつり出店拒否事件」といった事例もあります。さらに、後援にかかわる事件ですが、高知県においては、「侵華日軍第731部隊罪証陳列館」の金成民（ジンチョンミン）館長が講演予定でしたが、高知県が後援拒否したことに対して、知事が記者会見で「後援しないという判断は果たしてどうだったのかなと思っている」と疑問を呈したこと、「平和行政の推進は県の職務であり、戦争の歴史に学ぶことが県の施策の推進に寄与しないことはあり得ない。公益に資する議論の場の確保を我々は応援すべき立場にあるのだろう。自由な議論の場が確保されていれば、主催者の見解が中央政府の見解に反するから後援しないとするものではないと考えている」などと述べたことが紹介されています。

　他方で、「金沢市庁舎前広場軍事パレード反対集会申請不許可事件」（金沢地判平成28［2016］年2月5日判時2336号53頁、名古屋高裁金沢支判平成29［2017］年1月25日判時2336号49頁）のように、裁判を行ったにもかかわらず、救済が拒否された事例もあります。すでに、「9条俳句訴訟」のさいたま地裁が事件の背景として、「自治体の側が『憲法アレルギー』のような状態に陥っていた」ことをあげています。全国で起こっている政治的中立性にかかわる事件からは、こういった「9条アレルギー」が全国のさまざまな自治体に存在していることがうかがえ、自治体の職員は「憲法の尊重擁護」を宣誓しているはずなのに、「憲法アレルギー」があるわけで、かなり深刻な状況と考えられます。

また、政治的中立性の判断にかかわって、先の「金沢市庁舎前広場軍事パレード反対集会申請不許可事件」においては、市庁舎前広場の利用を認めた場合に、市の立場と集会開催者の立場が混同されることを支障の理由としてあげていましたが、さいたま地裁は、市の立場と「9条俳句」の詠み手が市民に混同されるという見解に対して、「9条俳句」を掲載しても、公民館がその俳句と「同じ立場にあるとみられることは考え難く、掲載することが、公民館の中立性や公平性・公正性を害するということはできない」と判断していることも注目されます。もっとも、この判断は、当然のことのように思われますし、こういった混同による支障を認める他の裁判所の判断がいかに不合理なものであるかを示していると考えられます。

　ここで扱う自治体学校に対する石川県MICE助成金不交付事件もこれらの問題群の一つの事例であると考えられますが、いくつかの特徴点をもっています。まず、政治的中立性違反を理由に、「補助金」を交付しないという点で、他の場所の利用を認めないなどの事例とは異なっています。また、補助金交付が問題になっているものの、自治体が直接に住民等に交付する補助金が問題となっているわけではなく、観光連盟という民間組織を通して交付される補助金が問題となっているという特徴もあります。

　観光連盟が民間組織であることから、観光連盟の対応に批判的な者からも、観光連盟は、民間組織であるので行政組織とは異なり、本来その活動は自由であり、補助金不交付を違法と考えることは難しいのではないかという考えも聞きました。ただ、観光連盟が民間組織といっても、その活動資金にも公金が投入され、要綱に基づき交付され、職員の大半は職務専念義務を免除されて観

光連盟の業務についている県職員であることも見落としてはいけません。

　この問題が発生したしばらく後に、短い論文（「自治体学校を対象とする石川県MICE誘致推進事業助成金不交付問題の論点」住民と自治631号［2015年］43頁〜45頁）を書く機会を得ました。そこでは、観光連盟側の対応の変更を期待しつつ、観光連盟のような民間組織の活動であっても、行政活動を規制する法的制約と同様の制約に服するべきであるという、本来あるべき姿を論じ、本件のような場合には、民間組織といっても行政組織と同様に補助金交付・不交付の自由が存在するわけではないことを検討しました。

　石川県の場合には、観光連盟を通して交付する仕組みが採用されていますが、自治体が直接交付する仕組みの場合も同様に、補助金の助成対象外としての「政治活動」をどのように考えるかは重要です。このような助成対象外としての「政治活動」については、これまで公法学においてほとんど議論されてこなかったように思います。それは、本来、「補助金」というものは交付対象がかなり限定されていることが一般的で、助成対象外としての「政治活動」が問題となることはあまりなかったことが影響していると思われます。しかし、近年、広範な公益的な活動に補助金を交付する場合が出てきたことから、公益的な活動といっても「政治活動」には、補助金を交付しないといった規定が設けられるようになってきています。このような規定にもかかわらず、実務においても、助成対象外の「政治活動」をどのように考えるべきか明確になっていないことが一般的ではないかと思われます。注意しておきたいことは、本件で問題となっているのは、補助金の交付であ

ることです。そのため、例えば、市民会館の利用のように、およそ政治的中立性が問題とならず、集会等の内容にかかわらず、その利用が認められるべきと考えられる施設利用とは異なり、「政治活動」のような助成対象外が存在すること自体は否定できないと考えられることです。

　この種の補助金が石川県やMICEに限定されるものではないことは、名古屋市の補助金をWebで調べてみるだけでわかります。例えば、「名古屋MICE推進助成金」は、対象となる事業の条件として「宗教および政治的活動に類するものでないこと」を規定し、「名古屋市地域フリーマーケット開催助成要綱」4条2項2号が「政治活動又は宗教活動に関わるフリーマーケット」に該当する場合は助成しないこと、「名古屋市中区・地域の絆づくり支援事業助成要綱」3条2項2号が、「政治活動又は宗教活動に関する事業」に該当する場合は助成しないことを明示していることがわかり、そのほかにも、名古屋市芸術文化団体活動助成補助金、名古屋市国際交流活動助成要綱などにおいても類似の制約があることがわかります。このように、「政治活動」に該当すると補助金を交付しないことになっている状況が、広く存在します。

　他方で、同様の補助金を有する他の自治体でも観光連盟と同様の対応がなされることが予想されるかというと、観光連盟のような対応は、むしろ極めて例外的で異例なものにとどまっているように思われます。本件が発生した原因の背景として、全国的に起こってきた政治的中立性の強調による、住民の活動の制限があるとしても、本件の場合に、どこまで組織的に事前の検討を経たものであるのかも明らかではなく、一部の職員の暴走がきっかけになっているではないかという疑いもあるからです。

また、本件自体は、裁判にまで至っておらず、和解によって2017年9月20日に決着が付いており、そのことから必ずしも事実の詳細が明確ではないという難しさもあります。しかし、今後、本件と同様の対応が繰り返されてはいけませんから、法学研究者としては、本件のような「政治活動」を理由に補助金交付をしないことの違法性について、法的な検証が必要と考え、いろいろと検討を加えることにしました。

　以下では、まず、本事件で問題となったMICE助成金交付要綱の概要や自治体学校へのMICE助成金が不交付となった経緯を紹介し、その後で、法的な論点として、観光連盟によるMICE助成金の根拠となっているMICE助成金交付要綱の法的拘束性、公職選挙法における「政治活動」との相違、それ以外の文脈での「政治活動」の理解の仕方、「政治活動」と判断した過程という手続にかかわる論点を説明し、最後に、観光連盟のような民間組織と自治体である県の関係について検討を加えました。

　本件の場合、和解で終了したために裁判資料といったものがないことから、情報収集に苦労しました。そのため、一定の制約があるものの、自治体学校を開催した地元金沢市のいしかわ自治体問題研究所の代表の竹味能成さん、事務局長の木村吉伸さん、会員の新屋康夫さん、自治体問題研究所の内山正徳さん、金沢合同法律事務所の弁護士の飯森和彦さんと蕪城哲平さんから、公になっている情報などについてご教示、ご提供いただき、意見を交換させていただきました。ここにお名前を記して感謝の意を表します。

2018年5月3日

榊原秀訓

［目　次］

地方自治体の補助金にみる政治的中立性
石川県 MICE 助成金不交付問題

はしがき　3

第1章　MICE助成金交付要綱の概要と MICE助成金不交付の経緯 …… 15

1　MICE助成金交付要綱の概要　15
2　観光連盟とMICE誘致事業　16
3　MICE助成金不交付の経緯　18
4　議会における観光戦略推進部長の説明と
　　観光連盟側弁護士による説明　20

第2章　観光連盟の助成金支出基準としての MICE助成金交付要綱の拘束性 …… 25

1　権力行政と民間組織の活動　25
2　非権力行政と民間組織の活動としての
　　補助金支出　26

第3章　公職選挙法とMICE助成金交付要綱における「政治活動」…… 31

1　公職選挙法における「選挙運動」と規制される
　　「政治活動」　31
2　公職選挙法における「政治活動」と
　　自治体学校に関する活動　34

第4章　公職選挙法以外の「政治活動」と MICE助成金交付要綱における 「政治活動」の理解の仕方 …… 37

1　地方公務員法と「政治活動」　37

2　特定非営利活動促進法（NPO法）と
　　　　「政治活動」　38
　　3　MICE助成金交付要綱における「政治活動」　40

第5章　「政治活動」と判断する過程の
　　　　　問題点 ……………………………………… 43
　　1　「政治活動」と判断する文書の不存在　43
　　2　リーフレットと「政治活動」判断の仕方　44

第6章　観光連盟の活動と県の責任 ……………… 47
　　1　適正手続保障拡大の必要性　47
　　2　観光連盟と県の責任　49

あとがき　53

［資料編］

資料1　第57回自治体学校リーフレット　58
資料2　石川県MICE誘致推進事業助成金交付要綱　62
資料3　石川県MICE誘致事業助成金交付事務手続きの
　　　　流れ（旅行に対する助成）　66
資料4　石川県職務に専念する義務の特例に
　　　　関する条例　67
資料5　石川県職務に専念する義務の特例に
　　　　関する規則　68

第1章

MICE助成金交付要綱の概要と
MICE助成金不交付の経緯

1　MICE助成金交付要綱の概要

　まず、MICE助成金交付要綱の概略を確認します。1条は、「公益社団法人石川県観光連盟（以下「観光連盟」という。）は、県外客誘客促進のため、各種団体や企業等が実施する宿泊を伴う団体旅行、会議、研修、大会、報奨旅行（以下「団体旅行等」という。）に対し」、「予算の範囲内で助成することとし、その助成金については、この要綱の定めるところによる」としています。そして、2条で、団体旅行等に対する助成対象として、「助成金の交付対象は、県外からの100人以上の宿泊を伴う団体旅行等で連盟が認めたもの」とし、助成額は、「宿泊者1人につき500円とし、50万円を限度」としています。他方で、助成対象とならない団体旅行等として、「宗教活動、政治活動を目的とするもの」をあげています。そこで、自治体学校の開催がここで規定されている助成対象外の「政治活動」に該当するのかが最大の争点となっているわけです。

　さらに、3条で「助成金の交付申請」を定め、4条で「助成金の交付予定額の決定及び通知」を規定しています。具体的には、まず、3条が「団体旅行等の助成を受けようとする者は、様式第1

号（……）に定める助成金交付申請書を旅行開始の2週間前までに連盟に提出しなければならない」と規定しています。次に、4条は、「連盟は、前条の規定に基づく申請書の提出があり、審査のうえ適当と認めたときは、様式第2号（……）による助成金交付予定通知書により申請者に通知するものとする」と規定しています。その後、5条で助成事業の実績報告書提出を求め、それを受けて、6条で助成金の額の確定を行い、7条で助成金の請求を行うという仕組みになっています。

なお、「学会」を開催する場合には、「石川県学会等開催助成金交付要綱」といった別の要綱が存在し、県が直接に交付決定を行っていますが、自治体学校は学会ではないので、こちらは適用にはなりません。

2　観光連盟とMICE誘致事業

次に、観光連盟とはどのような組織なのか、観光連盟が実施しているMICE誘致事業とは、どのような事業なのかをみておきます。まず、MICE助成金が不交付になった段階での観光連盟の組織をみておきます。観光連盟は、公益社団法人で、観光振興課が事務局となっています。役員が33名おり、職員は全部で60名いて、本部の職員は50名、石川県金沢観光情報センター他に10名います。本部の職員50名の内、JR西日本派遣1名、県職員兼務44名と、圧倒的多数が県職員兼務です。

県職員兼務となっているのは、実際には、観光振興課をはじめ観光戦略推進部の職員が職務専念義務免除により、観光連盟の業務を担当しているためです。県の条例と規則をみると、まず、石

川県職務に専念する義務の特例に関する条例2条が「職員は、左の各号の一に該当する場合においては、あらかじめ任命権者又はその委任を受けた者の承認を得て、その職務に専念する義務を免除されることができる」として、その6号が「その他石川県人事委員会（以下「人事委員会」という。）が定める事由に該当する場合」としています。そして、人事委員会が定める石川県職務に専念する義務の特例に関する規則の8号が「県が設立に参画し、その運営に当たつて必要な援助を与えることとされている公社、団体等の職員を兼ね、その職に属する事務を行う場合」を定めています。どのような団体等がこの規定に該当するか別表等が存在しないので、明確ではありませんが、観光連盟は、この規定に基づき、職員の職務専念義務免除がなされています。ちなみに、この規定による職務専念義務免除を受けた職員は、2015年度において、全体で157名います。

　この観光連盟が行う事業活動をみてみましょう。「観光振興事業」（公益事業1）、「観光キャンペーン事業」（公益事業2）、「海外誘客促進事業」（公益事業3）、「旅行業運営事業」（収益事業等会計）、「管理費支出」（法人会計）といった活動が行われています。このなかの「観光キャンペーン事業」は、さらに、「ほっと石川キャンペーン事業」と「ようこそ加賀百万石の旅事業」に分かれ、前者の中に、「MICE誘致」が「三大都市圏からの誘客促進の推進（三大都市圏誘客1000万人構想）」や「インターネットを活用した戦略的情報発信」と並んで位置づけられています。2015年度は75団体30,123名に対して交付がなされています。他に交付がなされなかった団体が存在するかは不明です。

　また、「補助金等の交付者及び名称、交付額」という箇所をみる

と、大きく、「補助金」と「負担金」に分かれ、前者は四つの補助金が、後者は、石川県の負担金が14に分かれ、それ以外には県内の自治体から「海外誘客事業負担金」（1自治体）、「MICE誘致事業受入負担金」（3自治体）、「平成27年度キャンペーン負担金」（19自治体）、「平成27年度ようこそ加賀百万石の旅事業負担金」（19自治体）に分かれています。石川県の「負担金」のなかには「MICE誘致事業負担金」があります。石川県の「MICE誘致事業負担金」と3自治体「MICE誘致事業受入負担金」の相違が必ずしも明確ではありませんが、少なくともMICE助成金の大部分は、石川県が費用負担しているものと思われます。

　MICE助成金は観光連盟が決定するものですが、上記に示したように、職員の圧倒的多数は県職員であり、また、MICE助成金を申請しようとする者は、観光振興課に行って、必要な相談をし、書類をもらうことになります。そこで、「石川県団体旅行助成制度」の「ご案内」という書類をよくみると「事務担当・お問い合わせ」先には、観光連盟ではなく、「石川県観光振興課」が記載され、相談をする相手も観光振興課の名刺を使用しているようです。申請者が書類を書き始めて、申請の宛名が県知事ではなく、観光連盟理事長になっていることから、そこでようやく、観光連盟からMICE助成金が交付されることを知るといった具合です。もっとも、本件が起こって問題となった以降は、多少その区別がなされたようです。

3　MICE助成金不交付の経緯

　以上のことを前提に、MICE助成金が不交付になった経緯の概

略を確認します。MICE 助成金の申請者は、2014 年 12 月 8 日に、観光振興課から、自治体学校を学会開催補助金の対象とするのは難しいとして、MICE 助成金交付要綱に基づく補助金を勧められ、MICE 助成金を申請することになります。2015 年 6 月 24 日に、申請書の書き方確認のため、申請書、リーフレット（観光連盟はチラシという表現をしていますが、直接引用以外は、リーフレットに統一します）をファックスにて事前提出しています。その後、6 月 30 日に、観光連盟から、電話にて、リーフレットの宮本憲一氏の記念講演の「安倍内閣の政策は憲法を無視し、戦後民主主義＝地方自治を危機に陥れている」という文章が政治的表現にあたると選挙管理委員会が判断し、自治体学校は「政治活動」に当たるため助成対象外との連絡がなされています（ただし、後の情報公開によれば、選挙管理委員会から示された判断を記述した文書は存在していませんので、選挙管理委員会がどの程度の検討を行ったのか、また、どういった意味で「政治活動」に当たるとしたのかは、不明です）。また、ファックスで、助成対象外の「宗教活動、政治活動を目的とするもの」に下線が引かれている要綱が申請者に送られています。7 月 10 日には、観光連盟から、電話で、学習・研究が目的であることは関係なく、リーフレットの宮本記念講演についての文章を選挙管理委員会が政治的表現と判断したという説明がなされています。さらに、7 月 16 日には、観光連盟から、「お電話でご説明させていただいた通り、助成対象とならないため、受理できませんので、お返しいたします」という文書とともに、申請書類一式が返送されています。この返送は、書類の「返戻」として、これにより、あたかも申請がなかったものにしようとしているようにすら考えられます（なお、担当者の判断

については、上司と相談したとされているようですが、上司とは誰かも不明であり、その決裁文書も存在していないようです)。

申請者は、8月26日に、9時30分から10時50分まで、マスコミも同席して、観光連盟の担当者に直接会って申請書を手渡し、文書での回答を求めています。しかし、「1時間半近く時間をとり、途中で打ち切ることもなく、マスコミが入ることも拒否せず、十分に対応した」として、その後も判断は変わらず、書面での回答も行われませんでした。

本件では、MICE助成金交付要綱における助成対象外の「宗教活動を目的とするもの」は無関係ですので、MICE助成金が不交付となった理由は、リーフレットに、「地方自治の危機と再生への道—憲法と沖縄問題から考える」というタイトルで記念講演を行う宮本憲一氏の内容を紹介する文章の一部から、自治体学校の活動が「政治活動を目的とするもの」と判断したものと考えることができます。宮本氏の文章の全文を紹介しておくと、「安倍政権の政策は憲法を無視し、戦後民主主義＝地方自治を危機に陥れている。この状況を打開する道が沖縄県民と翁長知事の抵抗に示されている。改めて戦後70年の地方自治の歴史、特に自治研活動や革新自治体の教訓に学び、民主主義再生の新しい道を語りたい。」とあり、この最初の一文が問題となったと考えられるわけです。

4　議会における観光戦略推進部長の説明と観光連盟側弁護士による説明

この問題は、9月17日に県議会においても議員から質問を受け、県の観光戦略推進部長が、以下のような答弁を行っています。

まず、MICE助成金については、「公益財団法人」（実際には「財団法人」ではなく、「社団法人」です―榊原）の「石川県観光連盟が県や市や町からの負担金を原資」として実施する事業で、「その執行に当たっては、公平、公正を期すことが求められ」ることから、「交付要綱を定め、これに基づき厳正に運用している」とされます。観光連盟への確認によると、「助成金の交付申請を受け付ける際にはあらかじめパンフレット等開催に関する資料を提出いただき、事前に事業内容を確認の上、助成対象とすることが適当であると認めた場合に申請書を提出いただくことになっている」と説明され、「第五十七回自治体学校 in 金沢についても通常どおり助成金の交付申請に係る事前相談の段階においてチラシを提出いただき、事業内容の確認を行いながら精査をいたしたところ、助成金交付要綱に助成対象外と規定する政治活動を目的とするものとも見受けられる箇所がありましたことから、県選挙管理委員会に対し開催内容が政治活動に該当するか否かを問い合わせたところ、選挙管理委員からはチラシの記載内容のうち記念講演の概要が政治上の施策に反対する目的を持ってなされる行為であるとみなされる可能性があること、また記念講演は初日の全体会の冒頭に実施され、当該学校の最も重要なものと思慮されること、チラシの一面という目立つ箇所に記念講演の講師の写真とともに記載されていることから政治活動と受けとめられるおそれがあるとの見解」をもらったことを述べています。そして、「観光連盟では、県選挙管理委員会のこの見解を踏まえ内部で十分検討し、今回開催する事業が政治活動を目的とするものに該当すると判断し、助成対象にしない旨、事務局に連絡をしたものであると聞いているところ」とされました。

上記の観光戦略推進部長は、観光連盟が県とは異なる団体であることを前提にして、「選挙管理委員会」の見解が重要な意味をもっていたとしているように考えられますが、先にも触れたように、選挙管理委員会から観光連盟に示した見解を記載した文書は存在していないようです。また、「県や市や町からの負担金を原資」とされ、少なくともMICE助成金の大部分は、石川県が費用負担しているものと思われます。

　次に、2016年7月には、申請者から観光連盟に質問状が提出され、それに対して、2016年8月1日に、観光連盟側の弁護士から、以下のような「回答」がなされています。文書での回答ですから、この段階になってようやく、文書で一応の理由が示されたということができそうです。

　観光「連盟が行う石川県MICE誘致推進事業については、助成金の交付申請を受け付ける際にパンフレット等開催に関する資料を提出してもらい、事前に事業内容を確認の上、助成対象とすることが適当であると認めた場合に、申請書を提出してもらうこととしています」。

　「『第57回自治体学校in金沢』は3日間の日程となっていますが、その初日の冒頭に全体会として記念講演が企画されており、その表題は『地方自治の危機と再生への道──憲法と沖縄問題から考える』とされ、チラシの一面には記念講演の講師が顔写真とともに『安倍内閣の政策は憲法を無視し、戦後民主主義＝地方自治を危機に陥れている。この状況を打開する道が沖縄県民と翁長知事の抵抗に示されている。改めて戦後70年の地方自治の歴史、特に自治研活動や革新自治体の教訓に学び、民主主義再生の新しい道を語りたい』と紹介されていました。

これらの資料等について検討した結果、連盟としては、記念講演の内容が政治的なものであると判断しました。そして、この記念講演が初日の冒頭に全体会として実施されることから、事業全体の中で最も重要なものと位置づけられていると判断しました。更に、多数人に配布が予定されている『第57回自治体学校 in 金沢』のチラシにおいて、その一面に大きなスペースを取り、全体会記念講演の講師顔写真と前記紹介文が掲載されていることから、『第57回自治体学校 in 金沢』が『政治活動を目的とするもの』であると判断したものです。これは連盟としての正式な判断であり、その根拠は石川県 MICE 誘致推進事業助成金交付要綱第 2 条 3 項（ママ）です」（「第 2 条 3 項」のように、「条」には「第」をつけ、「項」には「第」を付けない記述の仕方は時に目にしますが、統一性に欠けています）。

　以上の説明は、観光戦略推進部長による答弁とかなり共通するものの、なぜか「選挙管理委員会」の見解への言及等はしていないものとなっています。もしかしたら、「選挙管理委員会」の見解に基づき「政治活動」と判断したことは説得力がなく、無理だったと考え直したのかもしれません。他方、もしそうであれば、「政治活動」と判断したのは、リーフレットの一文やリーフレットにおけるその位置といったことにとどまります。

　また、両者の説明においては、「事前」審査といった説明がなされていますが、提出されているのは、様式第 1 号に基づく「申請書」であり、すでに申請が行われているはずですが、そのような理解をしているのかは不明です。

　いずれにしても、以上の MICE 助成金を不交付とした説明は、その実体判断においても、判断の仕方においても、不適切である

と考えられるので、以下、順番に、不適切であると考える理由を説明していきます。

第 2 章

観光連盟の助成金支出基準としての
MICE 助成金交付要綱の拘束性

1　権力行政と民間組織の活動

　本件で問題になっている MICE 助成金の不交付は、自治体学校の開催が MICE 助成金交付要綱に規定された助成対象外としての「政治活動」に該当するとの判断に基づいているようですが、そもそも、民間組織である観光連盟は、助成金の交付に関して自由が保障されているのではないかという考えもあるようです。しかし、本件における MICE 助成金の交付は、MICE 助成金交付要綱に拘束されていると考えられるので、そのことを示していきます。

　まず、MICE 助成金の交付とはかなり異なるのですが、最近の行政民間化の動向のなかで、民間組織に権力行政が委ねられる状況がでてきています。例えば、一般的に有名になったものとして、民間組織である指定法人による建築確認があります。また、自治体においては、民間組織が公の施設の指定管理者となり、住民が公の施設を利用するために行う許可申請に対して、その民間組織が指定管理者として、利用の許否の判断を委ねられる場合があります。このように、従来行政組織が担当してきた権力行政を民間組織が担う場合が登場してきたわけです。こういった権力行政の場合、その権限が民間組織に委ねられるのは、法律によって行わ

れることになります。

　そして、民間組織に行政処分等の権限が委ねられる場合、その違法性は、行政組織による行政処分等の違法性と同様に判断されることになります。例えば、公の施設の指定管理者に関する法制度を確認すると、自治体自らが公の施設を管理し、許可等を行う場合と、指定管理者が許可等を行う場合との間で、基本的な相違はないと考えられます。例えば、民間組織が指定管理者となっている「岡山シンフォニーホール事件」における岡山地裁（岡山地決平成19［2007］年10月15日判時1994号26頁）等の判断をみると、行政事件訴訟法における訴訟や仮の権利保護等の判断において、自治体自らが公の施設を管理する場合と相違があるわけではありません（その他、岡山地決平成18［2006］年10月24日LEX/DB25420808〈倉敷市民会館事件〉、仙台高決平成19［2007］年8月7日判タ1256号107頁、東京地判平成21［2009］年3月24日判時2046号90頁等も参照）。

2　非権力行政と民間組織の活動としての補助金支出

　次に、権力行政ではなく、補助金支出のように非権力行政の場合はどうなるかという問題があります。これは、法治主義の関係で、補助金支出のような非権力行政の場合は、権力行政とは異なり、法律の根拠がなくても、活動が可能だからです。しかも、観光連盟による補助金支出がそもそも「行政」活動といえるかも問題になります。他方で、民間組織が行う場合であっても、権力行政に関しては行政組織と同様の制約があるのと同様に、非権力行政に関しても、常にそうとはいえないとしても、行政組織と同様

の制約が課せられる場合があると考えられます。本件のような場合がそれにあたり、観光連盟が民間組織であるとしても、助成金の支出は、観光連盟の自由な判断に委ねられているのではなく、MICE助成金交付要綱に従う必要があると考えられるので、そのことについて確認しておきます。

　そこでまず、自治体が直接補助金交付をする場合の要綱の法的性格を検討します。補助金交付の根拠が行政内部の要綱であり、その要綱に従って補助金の交付が行われる状況です。この状況において、申請者が補助金を受ける地位にあり、申請にもかかわらず、補助金交付を受けることができない場合、要綱は単に内部効果しか有さないものではありません。そのような場合、交付要件を充足しているにもかかわらず、交付をしないという要綱違反が、平等原則と結び付いて、あるいは必ずしも平等原則とは結び付かなくても、違法になるものと考えられます。[*2]その意味で要綱違反の不交付は違法になります。

　また、MICE助成金は、観光連盟という民間組織を通して交付されていますが、このように、財団法人や社団法人等の外郭団体を通して国民や住民に補助金を支出する仕組みは、MICE事業に限定されず、国や自治体において比較的一般的にみられるものです。[*3]石川県におけるMICE事業の場合に、このような仕組みがとられている理由を推測すると、県のみにとどまらず、その他の自治体からも公金が支出され、また、MICE事業とMICE事業以外の事業を組み合わせて事業を展開した方がより効率的に事業を展開できるから、それを包括する団体に委ねたものと考えられます。

　このMICE事業には、県（その他の自治体）の公金が支出され運営されています。そして、この公金は、MICE助成金交付要綱

に基づき助成金が支出されることを前提に、県（やその他の自治体）から観光連盟に支出されていると考えられます。観光連盟による交付がMICE助成金交付要綱に基づく必要がなく、自由に交付を決定できるとすると、観光連盟が恣意的に助成金を交付することも認めることになってしまいます。つまり、このような要綱が存在しないMICE事業以外の事業については、観光連盟の活動の自由が認められるにしても、MICE事業については、観光連盟に活動の自由はなく、MICE助成金交付要綱に従うことが求められていると考えられます。

　さらに、観光連盟の場合、民間組織といっても、単に公共性が高い民間組織というだけではなく、県との人的つながりが極めて高いものになっています。県は、条例や規則を制定して一定の民間組織に対して、職員の職務専念義務を免除して、民間組織の業務に従事することを認めています。先に説明したように、観光連盟は、この職務専念義務免除の対象となる団体となっていて、実際に、観光連盟の業務を担当する職員の多数は、職務専念義務を免除された県の職員となっています。MICE助成金については、職務専念義務免除された県の職員が担当しており、観光連盟の連絡先も観光振興課に置かれています。MICE助成金の恣意的交付を防止するために、県が強力に関与しているものということができそうです。

注
1　最近の行政民間化の動向については、榊原秀訓「行政民間化と現代行政法」現代行政法講座編集委員会編『現代行政法の基礎理論（現代行政法講座第1巻）』（日本評論社、2016年）231頁〜267頁参照。
2　塩野宏『行政法Ⅰ（第6版）』（有斐閣、2015年）119頁、宇賀克也『行政

法概論Ⅰ（第6版）』（有斐閣、2017年）298頁～300頁、榊原秀訓「行政裁量の審査密度―人権・考慮事項・行政規則」行政法研究23号（2018年）21頁～23頁等参照。
3　碓井光明『公的資金助成法精義』（信山社、2007年）53頁～68頁参照。

第3章

公職選挙法とMICE助成金交付要綱における「政治活動」

1　公職選挙法における「選挙運動」と規制される「政治活動」

「はしがき」において、名古屋市の例も紹介しましたが、一般的に、自治体が住民等に交付する補助金に関して、「宗教活動」目的や「政治活動」目的のものを対象外とすることはあり得ることです。「宗教活動」目的のものを対象外とすることは、憲法89条の政教分離原則に基づくものと考えられますし、また、「政治活動」目的は、公金支出にかかわる政治的中立性確保の要請と考えられます。

したがって、本件で問題となるのは、「政治活動」目的のものを対象外とする規定自体ではなく、「政治活動」に該当するという判断の妥当性です。「政治活動」の定義は、MICE助成金交付要綱に規定されているわけではありません。

県議会において、記念講演の概要が「政治上の施策に反対する目的を持ってなされる行為」であることから、「政治活動」とされていますが、仮に記念講演が安倍政権の施策（政策）を批判するものであり、それが「政治上の施策に反対する目的を持ってなされる行為」に該当するとして、そのような理由でMICE助成金交

付が制限されるかが検討すべき最大の論点です。

　一般的に、自治体において、「政治活動」が問題になるのは公職選挙法の関係が多いと思われます。本件において、「政治活動」に関して選挙管理委員会の考えに基づく判断がなされているのもそのような文脈と考えられます。

　実は、公職選挙法上も「政治活動」の定義はなく、「抽象的には、『政治活動』とは、政治上の目的をもって行われる一切の活動、すなわち政治上の主義施策を推進し、支持し、若しくはこれに反対し、又は公職の候補者を推薦し、支持し、若しくは反対することを目的として行う直接間接の一切の行為を総称するもの」[*1]とか「政治活動とは、一般抽象的には、政治上の主義若しくは施策を推進し、支持し、若しくはこれに反対し、又は公職の候補者を推薦し、支持し、若しくはこれに反対することを目的として行う直接間接の一切の行為をさす」[*2]といった説明がなされています。

　しかし、公職選挙法上、「政治活動」はそのすべてが規制されるのではなく、「選挙運動」規制を補完するために、特定のもののみが規制されています。そのことを理解するために、「政治活動」にかかわって、多少詳しく公職選挙法の仕組みをみておきます。まず、「政党その政治団体の政策宣伝、党勢拡張の活動は、それ自体としてはもちろん選挙運動ではない。政党その他の政治団体による議会報告演説会、時局演説会等政策普及のための演説会がこれに該当する。これらの政治活動は、本来自由に行い得るものであるから、原則として選挙期日の公示又は告示の直前等でも行い得るものである。しかし、この種の演説会において、特定の候補者に対する投票依頼（特定の政党等への投票依頼を含む。）を内容とする演説を行った場合、当該政党その他の政治団体が支持する候[*3]

補者が出演する演説会を選挙直前に関係選挙区内で集中して開催した場合等においては選挙運動と判断され、当該候補者の立候補の届出前であるために事前運動の禁止違反と認定される場合もあろう。

　また、立候補予定者等が、選挙運動の期間前に、その政治上の主義、施策の普及宣伝行為として行う時局講演会や国会報告会等の開催及びその開催告知のポスター、看板の掲示等も、一般にはこれらの者の政治活動と考えられるが、これらの演説会等において投票依頼を内容とする演説を行うことはもちろん、その演説会等の開催告知のためのポスターの掲示についても、そのポスターにこれらの者が特定の選挙の立候補予定者である旨を記載したり、その演説会等の開催予定がなかったり、その演説会等の開催予定の日及び場所から異常に早い時期又は異常に離れた場所に掲示したり、その演説会等の終了後も撤去することなく掲示しておくこと等は、その時期、場所、方法その行為の態様から事前運動にわたるものと認められる」とされます。

　また、「政治活動規制の目的」として、「公職選挙法上、選挙運動と政治活動とは理論的には明確に区別される概念であり、特定の選挙につき特定の候補者の当選を図ることを目的にして行われる選挙運動に対する規制と同様の規制を、純理論的には選挙運動と関係のない政治活動に対して加えることは問題である」としつつ、「しかしながら、選挙の実態はしかく単純ではなく、政党その他の政治団体は、選挙運動にわたる活動が厳格に規制されているために、いきおい選挙運動にわたらない政治活動に全力を注がざるを得ず、しかも政治活動は理論的観念的には選挙運動と明確に区別されるべきものでありながら、実体的（ママ）には極めて選挙運動に

紛らわしいものとならざるを得ない。本来理論的観念的に区別されるべき二つのものが、現実はいわば楯の両面のごとく区分し難くなっており、政党政治が徹底するに従って、両者の態様はますます近似性を帯びてくる傾向がある。したがって、政党その他の政治団体の政治活動を選挙運動に対する規制のみをもって規制することは、選挙の自由公正の確保の見地から見て必らずしも充分とはいいがたい。このような現実的な見地に立って、公職選挙法は、選挙運動にわたらない政治活動をも、選挙運動規制の補完として規制したのである」と説明されます。

　ここで、注意すべきは、公職選挙法で問題となっているのは、「政党その他の政治活動を行う団体の政治活動であって、個人の行う政治活動は、選挙運動にわたらない限り自由」であり、また、「規制される政治活動」は、「政談演説会の開催」、「街頭政談演説の開催」、「ポスターの掲示」等、特定の政治活動に限定されていることです。

2　公職選挙法における「政治活動」と自治体学校に関する活動

　公職選挙法における「政治活動」の以上の理解を前提に、自治体学校に関する対応について考えてみます。選挙管理委員会は、おそらく、「政党その他の政治活動を行う団体」か否かは無関係に、「政治活動」か否かを判断していると思われますが、公職選挙法上、「政治活動」には、「規制される政治活動」と「自由な活動を保障された政治活動」が存在し、「規制される政治活動」は公職選挙法に具体的に特定されていることから、「規制される政治活動」

だけではなく「自由な活動を保障された政治活動」をも含む「政治活動」を厳密に定義する必要性はないことになります。他方で、観光振興課にとっては、助成金交付の対象外の「政治活動」を論じることになりますが、自治体学校に関する活動が公職選挙法上特定された「規制される政治活動」に該当しないことは明らかです。そうすると、選挙管理委員会による「政治活動」という判断は、むしろ「自由な活動を保障された政治活動」として、「政治活動」と判断したものであると考えられます。つまり、選挙管理委員会が「政治的表現」と判断しているというのであれば、それは「自由な活動を保障された政治活動」として評価しているはずです。そうだとすると、なぜそのような判断が行われたからといって、それがMICE助成金交付要綱において助成対象外となる「政治活動」に該当すると考えることができるのかは全く不明ということになります。

　本件の場合、電話でのやり取りにあるように、不交付の理由は、「政党その他の政治団体」ではない組織である自治体学校の、「地方自治の前進に寄与する政策・理論の学習研究および経験交流」という目的には関係ありません。不交付の理由とされているのは、MICE助成金交付要綱に基づくMICE助成金の申請は、観光振興課からの勧めであったことからしても、リーフレットにおける「安倍内閣の政策は憲法を無視し、戦後民主主義＝地方自治を危機に陥れている」という文章のみであると考えられます。そうだとすると、リーフレットにこのような一文を記述すれば「政治活動」で、それ以外は同じでも、リーフレットで一言も触れなければ、「政治活動」ではないという形式的な基準に基づくことになりそうです。しかし、公職選挙法上の「政治活動」との関係でも、

政治上の目的の判断に関して、「具体的に個々の行為が政治的目的をもってなされたものであるかどうかは、その行為の態様すなわち時期、場所、方法等について総合的にその実態を観察し、実質に応じて判断されねばならない」とされているわけで、こういった形式的判断は妥当性を欠いていると考えられます。[4]

注
1　選挙制度研究会編『実務と研修のためのわかりやすい公職選挙法（第十五次改訂版）』（ぎょうせい、2014年）263頁。
2　安田充・荒川敦編著『逐条解説　公職選挙法（下）』（ぎょうせい、2009年）1461頁～1462頁。
3　安田・荒川編著・前掲注（2）978頁～979頁、1458頁～1459頁、1462頁、1469頁～1470頁等。選挙制度研究会編・前掲注（1）259頁～288頁も参照。
4　安田・荒川編著・前掲注（2）1462頁。

第4章

公職選挙法以外の「政治活動」と MICE 助成金交付要綱における「政治活動」の理解の仕方

1　地方公務員法と「政治活動」

　「政治活動」が問題となる法令は、公職選挙法に限られるわけではないことから、他の法令についても簡単に触れておきます。まず、自治体において、「政治活動」を規定するもっとも馴染みがあると思われる法令の規定として、地方公務員法 36 条が規定する「政治的行為の制限」があります[*1]。同条 2 項は、地方公務員が「特定の政党その他の政治的団体又は特定の内閣若しくは地方公共団体の執行機関を支持し、又はこれに反対する目的をもって、あるいは公の選挙又は投票において特定の人又は事件を支持し、又はこれに反対する目的をもって」、一定の「政治的行為」をしてはならないとしています。ここで制限をしている「目的」として、「特定の内閣に反対する」目的はあがっているものの、それは「『特定の内閣若しくは地方公共団体の執行機関』については、これらの機関の個々の構成員に対するものではなくして、これらの機関（又はその全構成員）自体が存続（在職）するように若しくはしないように、又は成立（就任）するように若しくはしないように影響を与えることをいうものであること」（「地方公務員法第 36 条の運用について」通知昭和 26［1951］年 3 月 19 日　地自乙発第 95

号）と考えられており、「特定の内閣の施策（政策）に反対する」目的まではあがっておらず、また、同項に規定された「政治的行為」のなかには、本件で問題になったようなリーフレットにおける「特定の内閣の施策（政策）に反対する」ことの記載や「特定の内閣の施策（政策）に反対する」内容を含む講演を行うことは含まれていません。したがって、仮に本件において、講師が公務員であっても、地方公務員法によって制限されるような「政治的行為」には該当しないことになります。もっとも、「政治活動」といっても、地方公務員に対する制約としてのものと国民・住民への助成対象外としてのものが異なることもまた確かです。

2　特定非営利活動促進法（NPO法）と「政治活動」

　国民・住民の広範な活動を前提にした補助金交付との関連で、「政治上の施策に反対する目的を持ってなされる行為」を考える際に、参考にすべきと思われるのは、特定非営利活動促進法（NPO法）です。一般に、NPO法2条は、「特定非営利活動」を定義しており、「特定非営利活動法人」の「活動が次のいずれにも該当する団体であること」（2項2号）として、以下の三つを目的とするものでないことをあげています。すなわち、「宗教の教義を広め、儀式行政を行い、及び信者を教化育成することを主たる目的とするものでないこと」、「政治上の主義を推進し、支持し、又はこれに反対することを主たる目的とするものではないこと」と「特定の公職（……）の候補者（……）若しくは公職にある者又は政党を推薦し、支持し、又はこれらに反対することを目的とするものでないこと」を規定しています。

「政治活動」との関係では、この規定の内、「政治上の主義を推進し、支持し、又はこれに反対することを主たる目的とするものではないこと」に注目する必要があります。

この規定については、一般的に次のような説明がなされています*3。まず、政治資金規正法における「政治団体」に該当する「政治上の主義若しくは施策を推進し、支持し、又はこれに反対することを本来の目的とする団体」（3条1項1号）（ちなみに、同2号は、「特定の公職の候補者を推薦し、支持し、又はこれに反対することを本来の目的とする団体」と規定しています）という規定との比較がなされます。そして、政治資金規正法が「政治上の主義若しくは施策」を推進し、支持し、又はこれに反対することに焦点を当てるのに対して、NPO法においては、「政治上の施策」は規定されず、「政治上の主義」を推進し、支持し、又はこれに反対することのみを規定していることが強調されます。これは、政治上の施策（政策）に対して反対を含め、意見を述べること（政策提言型のNPO団体の活動）を保障するためであることは立法過程から明らかです。

そして、「政治上の主義」とは、政治によって実現しようとする基本的、恒常的、一般的な原理や原則を指すものとされ、例えば、自由主義、民主主義、資本主義、社会主義、共産主義などといったものがこれに当たるとされます。他方で、「政治上の施策」とは、政治によって実現しようとする比較的具体的なものであって、例えば、公害の防止とか、自然保護、老人福祉対策等を指すものとされています。そのため、国会での審議の際に議論された「地球環境を守ることを標榜する緑の党」「震災被害者に対する個人補償を要求する運動」などといった具体的な例についても、一

般的には「政治上の施策」の推進と考えられています。

3　MICE助成金交付要綱における「政治活動」

　以上みてきたように、現行法制度においては、公務員を対象とする場合を含めて、「政治活動」を包括的に制約するのではなく、法令に必要な範囲において、特定の「政治活動」を制約するという構造をとっています。仮にそのような限定を課さなければ、本来自由なはずの「政治活動」を法令の目的達成に必要がない場合にも制約することになり、比例原則違反となると考えられるからです。

　助成金交付の場合にも、助成金交付の目的との関係で一定の制約が存在するはずであり、なんら限定なく「政治活動」を広く解釈し、「政治活動」として助成金交付をしない場合には、比例原則に反するものとなります。問題になっている助成金は、「県外客誘致促進のため」、宿泊を伴う団体旅行等に対して支出するものであって、憲法等に基づく行政の政治的中立性以上に交付の範囲を限定すべき目的を有しているものではありません。もちろん、助成金交付は、一定の活動を直接的に禁止するといった規制的なものではありませんが、本来の目的を超えて助成金交付を制限するならば、一定の活動に対する抑止効果を与えるものとなり、違法と考えられます。

　過去の補助金交付に関する判例（最判昭和53［1978］年8月29日判時906号31頁）をみると、地方自治法232条の2の補助金交付の要件である「公益上の必要性」にかかわって、政治的団体への補助金交付を適法としています。しかし、このような判断には

批判も強く、政治的団体への補助金交付は違法と判断されるべきと考えられます。

　その上で、「政治上の主義」と「政治上の施策」を区別する先に触れたNPO法の議論に注目する必要があると考えられます。研究者が現状の政策を批判的に分析し、研究成果を公表し、講演でその見解を表明しても、助成対象外である「政治活動」に該当するとは考えられません。もちろん、「政治上の主義」であれば、助成対象外である「政治活動」に該当するのかも問題となりますが、ここで確認しておきたいのは、少なくとも「政治上の施策」に対する賛否の見解を表明しても、助成対象外である「政治活動」に該当しないと考えられるということです。そうだとすると、本件の場合においても、研究者が記念講演のなかで、「安倍内閣の施策（政策）」に批判的に言及することを明らかにしていたとしても、それが、助成対象外である「政治活動」に該当するものではないことになります。

　このように、NPO法を参考に「政治活動」を理解することの妥当性は、NPO法において、「特定非営利活動」が「政治活動」とともに「宗教活動」が規定されていることからも正当なものとわかります。自治体における補助金の多くは、補助金交付の対象外として、「政治活動」とともに「宗教活動」を規定することが一般的であり、それは公職選挙法ではなく、NPO法と同じ構造であることを示していると考えられます。

　研究者が、政策を「憲法」との関係で評価することは、至極自然なことであり、「安倍内閣の施策（政策）」に批判的に言及することも同様であるからです。研究者が現状の政策を批判的に分析し、研究成果を公表し、講演でその見解を表明することは、奨励

されることではあっても制限されることではないはずです。また、その研究者の見解を聞いてみようとすることも積極的に評価されるべきです。憲法学・行政法学、政治学・行政学等の社会科学系の研究者が学会以外の場で現状について批判的な見解を述べたり、そのような講演を聞いたりすることが包括的に助成対象外の「政治活動」となるならば、社会科学の研究者にあまりに差別的なもので、そのような助成金は、現行の法制度とは相容れないと考えられます。

注
1　地方公務員法については、晴山一穂・西谷敏編『新基本法コンメンタール　地方公務員法』（日本評論社、2016年）169頁〜179頁（本多滝夫執筆）参照。
2　橋本勇『新版　逐条地方公務員法（第4次改訂版）』（学陽書房、2016年）710頁〜711頁参照。
3　熊代昭彦編著『日本のNPO法―特定非営利活動促進法の意義と解説』（ぎょうせい、1998年）75頁〜76頁、堀田力・雨宮孝子編『NPO法コンメンタール―特定非営利活動促進法の逐条解説』（日本評論社、1998年）93頁〜95頁（松原明執筆）、橘幸信・正木寛也『やさしいNPO法の解説』（礼文出版、1998年）70頁〜73頁。

第 5 章

「政治活動」と判断する過程の問題点

1 「政治活動」と判断する文書の不存在

　ここまでに、MICE 助成金交付要綱における MICE 助成金の対象外としての「政治活動」を公職選挙法に基づき判断することは適当ではなく、代わりにどのように判断するかということについて検討してきました。しかし、このような「政治活動」の実体判断とは別に、観光連盟が助成対象外としての「政治活動」と判断する過程にも問題があるので、その点について指摘しておきます。
　第一は、公職選挙法に基づく判断ということから、選挙管理委員会にその見解を求めているようですが、選挙管理委員会からは観光連盟に対して、石川県情報公開条例 2 条 2 項の「公文書」に該当するような文書は出されておらず、選挙管理委員会によって MICE 助成金交付要綱の趣旨や事実関係が正確に理解されたり、選挙管理委員会による正式な判断がなされたりしているのか疑問であることです。また、こういった選挙管理委員会と観光連盟の間のやり取りだけではなく、観光連盟と申請者との関係でも、理由が書面で示されていないので、選挙管理委員会やそれを受けた観光連盟の判断の理由が正確にはわからないという問題もあります。

2 リーフレットと「政治活動」判断の仕方

　さらに、すでに公職選挙法に基づく「政治活動」の判断の箇所で述べたことですが、「政治活動」に該当するか否かの判断がリーフレットの一文や、その一面に大きなスペースを取り、全体会記念講演の講師顔写真と前記紹介文が掲載されていることをみてなされているという問題点があります。

　実際のリーフレットをみると、冒頭にあり、最もポイントが大きいのは、「自治体学校」という部分を除くと、「戦後70年、憲法が輝く　ホンモノの地方自治を学ぶ」という部分です。また、リーフレットをなかに織り込んだ場合の一面の最も大きな写真は、「兼六園」であり、次が、宮本記念講演の副題としてある「憲法と沖縄問題から考える」の下にある「辺野古」の写真です。また、二面と三面は、1日目の全体会、パネルディスカッション＆リレートークのほか、2日目の分科会・講座（全部で12あります。その他に、現地分科会が3分科会、ナイター企画が6企画あります）、3日目の全体会として特別講演が紹介され、宮本記念講演と同様に、内容の紹介があり、ほとんどの企画において、講師の写真が掲載されています。参加者は宮本記念講演への参加を強制されるわけではなく、金沢大学の教員経験もある宮本記念講演が1日目の全体会であることから多少スペースが大きく、重要な企画であることも否定できませんが、全体の一部であることも明らかです。大きさが問題ならば、問題にしているのは、むしろ憲法や沖縄問題というテーマ自体のようにすら思われます。

　さらに、不支給の理由からは、あたかも宮本記念講演のほとん

どが安倍内閣の政策批判を展開していることを前提にしているようですが、実際には、内容紹介からもわかるように、安倍内閣の政策批判は宮本記念講演の一部にすぎません。もっとも、宮本記念講演のほとんどが安倍内閣の政策批判であるとしても、先に説明したように、政策批判にとどまる以上、助成対象外の「政治活動」とは考えられません。

　そして、観光連盟の判断の仕方は、記念講演が全く同じ内容のものであっても、紹介文の書き方や、リーフレットの作成の仕方によって、助成金支出の対象になったり、ならなかったりすることを意味しています。しかも、職員がリーフレットのみをみて判断するので、職員のさじ加減で助成金支出の可否が決定されることになり、助成金交付の「公平性・公正性」を確保する運用には到底なり得ないと考えられます。このように判断過程の運用面においても、手続上の問題があります。[1]

注
1　実は、このように申請段階のちょっとした書き方の相違によって結論が変わるかのような判断の問題は、「政治的中立性」が問題となった金沢市庁舎前広場軍事パレード反対集会申請不許可事件でも同様です。榊原秀訓「金沢市庁舎前広場申請不許可処分の違法性」南山法学40巻2号（2017年）284頁参照。

第6章

観光連盟の活動と県の責任

1 適正手続保障拡大の必要性

　まず、申請に対する観光連盟（観光振興課）は、「受理できません」として、書類を返送していますが、その対応の意図は必ずしも明確ではありません。また、「事前」審査と説明しているようですが、先に述べたように、MICE助成金交付要綱に基づく「申請」がすでに行われていると考えられ、観光連盟は、形式的要件を満たさないということではなく、内容的に「政治活動」に該当するということから、支給対象に当たらないと判断しているように思われます。しかし、観光連盟の対応は、正式な判断をする以前のものとして「返戻」を行おうとしたものか、正式に「不交付」決定したものか必ずしも明らかではありません。

　石川県行政手続条例は、「県が交付する補助金等」などの申請手続でも、直接的に適用されることはありません（3条2項）。そのため、条例7条に規定された「申請がその事務所に到達したときの」審査開始義務は課されていないことは否定できません。しかし、仮に行政手続条例の適用がないとしても、行政庁には、「申請がその事務所に到達したときの」審査開始義務が「条理」により課せられていると考える余地もありそうです[*1]。さらに、申請に対

する応答は必要ないと言いたいのかもしれませんが、補助金交付規則やMICE助成金交付要綱は、申請・決定の仕組みを採用しており、このことは、応答義務の仕組みを規定したものと考えられます。[*2] 先に述べたように、本件の場合は、観光連盟による判断ではあるものの、「公平性・公正性」を確保するためにMICE助成金交付要綱が制定されており、「条理」により、「申請がその事務所に到達したときの」審査開始義務・諾否応答義務が認められるべきです。

　また、同様に、行政手続条例の適用がなく、理由の提示は必要なく、したがって、理由が書面により示される（8条2項）ことはありません。また、補助金交付規則やMICE助成金交付要綱にも、書面での理由提示の規定は存在しません。しかし、それは、規則や要綱に、応答に関する規定がないからでもあります。予算消化により、支給すべき金額が残っていないことを理由にした申請終了のようなシンプルな場合とは異なり、本件では、MICE助成金交付要綱の具体的な規定である「政治活動」の解釈が問題になっており、その理由が示されないと、なぜ自治体学校の開催が「政治活動」に該当するかはわかりません。書面での理由提示を拒む具体的な支障もないと思われます。

　したがって、公金が支出され、MICE助成金交付要綱に従ってMICE助成金交付の判断がなされることから、それが適正になされたことを手続的に担保し、申請者の権利利益を保護するために、適正手続保障を拡大する必要性が大きいと考えられます。

2　観光連盟と県の責任

　本件の観光連盟の職員は、職務専念義務免除によって、観光関係の仕事を担当している県の職員です。当初の説明によれば、助成対象外となる「政治活動」を公職選挙法における「政治活動」に基づき理解しようとしていますが、それは適切ではないと判断できなかったのか、また、選挙管理委員会の見解を求める際に適切な説明をしているのかという疑問があります。本来公務員であれば有すべき法的知識を欠き、判断を誤ったもののように思います。もし、選挙管理委員会の見解を求める際に適切な説明をしているのであれば、説明を受けた選挙管理委員会の専門性に疑問を感じます。

　第二に、観光連盟の担当職員は、上司に相談しているようですが、それが事実であり、上司が県の組織における上司と同様とすれば、県の組織において法的知識を欠き、判断を誤ったという組織的な問題があるように考えられます。

　第三に、このような事態が発生し、議会での質問があるにもかかわらず、それを県とは無関係の民間組織における判断であるかのように対応した幹部公務員の姿勢は極めて無責任です。県として、職務専念義務を免除してまで職員を業務に従事させ、その団体を通して公金を支出していることについての理解が乏しいように思われます。県は、自治体として公共性を有しており、また、補助金交付について具体的な基準に従うことを前提に外郭団体にそれを委ねる場合、その公共性は消滅するのではなく、むしろ民間組織においてもその公共性の確保を確保するような努力が必要

です。もちろん、本件では、観光連盟が民間組織としても、職員は一緒ですから、およそ公共性が消滅するなどとは思われません。「はしがき」において触れたように、姫路市の事件や高知県の事件では、程度の相違はありますが、自治体の側が自らの対応を問題視しています。こういった真摯な対応が必要だったと思います。

　このように、行政組織レベルの問題もあるように思いますが、県内部における対応の相違も存在します。つまり、観光連盟＝観光振興課の判断と、自治体学校を後援し、リーフレットをみた後でも変化がない総務部行政経営課の対応との間にはズレがあるからです。後援と助成の基準が必ずしも同じではないとしても（後援基準といったものはなく、チェックシートにより後援名義使用審査が行われているようです）、この相違は、観光振興課による判断の安易さを示唆しているように考えられます。ちなみに、金沢市にも「金沢MICE促進事業費補助金」があり、そちらの交付はなされており、石川県と金沢市とでは対応が異なっていることになります。

　最後に、職員が職務専念義務免除により観光連盟の業務を行っていることから、この職務専念義務免除に少し触れておきます。県職員は、県庁の同じ場所で、通常は県職員として活動し、MICE助成金の説明を行うような場合には、観光連盟の職員として活動していることになります。興味深いのは、「学会」を開催する場合には、石川県学会等開催助成金交付要綱があり、それは県が直接交付をしているので、同じ補助金でもこちらの補助金を使うとなったらそのときは県職員として活動していることになりそうです。職務専念義務免除を受けて働く場合、職務命令によって働くときとは異なり、県の職員として職務を行っているわけではないこと

になります。そのため、どちらの立場で活動しているかによって、職員の権利義務関係が異なることになります。しかも、職員が働く場所が異なれば、どちらの立場で活動しているのかそれなりに明確ですが、場所も同じで、両者の仕事は渾然一体のものとなっていて、実際に仕事をしているときに、どちらの立場で活動しているのかあまり意識されていないようですが、何か事故等が発生すると、どう対応すべきかが不明確になりそうです。MICE助成金不交付の問題点とは異なりますが、こういった組織のあり方にも検討が必要だと思われます。

注
1 角松生史「判批（冷凍スモークマグロ事件・最判平成16［2004］年4月26日民集58巻4号989頁）」九大法政研究72巻2号（2005年）396頁注（28）では、行政手続法の「適用除外の趣旨は、関税法の賦課徴収が（1）金銭に関する処分であること（2）主として申告納税制度の下で大量に行われる処分であることと説明されている……。だとすれば、本件のような事案において、申請に対する処分に関する行政手続法の立場と異なる取り扱いを行う積極的理由は存在しないように思われる」としています。積極的理由がない限り、行政手続法の適用除外にもかかわらず、同じ対応がなされる必要があるとするもので、行政手続法の申請に対する処分に関するすべての規定ではなく、受理の否定、審査開始義務といった内容を念頭においていると思われます。本件では、形式的には民間組織の活動が問題になっていますが、実質的には行政組織の行政活動と同様であり、こういった考えを応用することができるように思われます。
2 「要綱」に基づく補助金支給にかかわって諾否応答義務を認めるものとして、大阪高判昭和54（1979）年7月30日判時948号44頁。

あとがき

　本文執筆後に、MICE助成金に関して大きな制度改革があったようだと情報提供を受けたので、「あとがき」として、そのことに触れておきます。MICE助成金は「要綱」に基づき交付されることから、条例・規則に基づき交付されるものとは異なり、もともと制度改革に気がつき難いものですが、どうもここまで紹介してきた観光連盟のMICE助成金制度は、2016年度で終了したようです。2017年度からは、学会、大会、会議を対象とする「石川県コンベンション誘致推進事業補助金」として、石川県の新規事業として行うようになっているようです。すでに説明してきたように、これまで県の事業として行ってきた「石川県学会等開催助成金交付要綱」に基づき交付されていた学会等開催に対して交付される助成金と観光連盟を通して交付されていたMICE助成金を統合して、石川県が直接担当するようになったのではないかということです。

　この石川県コンベンション誘致推進事業補助金も内容的に「政治活動を目的とするもの」には交付されませんから、依然として、「政治活動」をどのように考えるという問題は残っています。「学会」の場合にも、同じ制度に基づき交付されますから、もし今回のように、政府の政策に批判的なリーフレットの一文から「政治活動」だと判断されることになれば、政府の活動に批判的な学術研究を行う学会は軒並み「政治活動」を行うものとして、対象外に

なってしまいます。これでは社会科学系の学会は対象外とすることになりますから、むしろ反対に、自治体学校への従来の MICE 助成金を対象外とした「政治活動」の判断が間違っていたとして、学会活動を含めて交付できるように判断基準を緩和するのかもしれません。また、交付手続には「石川県補助金交付規則」が適用されることになり、手続の点では明確性が向上したということができそうです。

　観光連盟のあり方も変わっています。2017 年 4 月 1 日時点で観光連盟の県職員兼務が 27 名と大幅に減っていますが、上記の制度改革が影響を与えているのかもしれません。そして、県職員兼務に関しては、2016 年度の石川県の観光行政を対象にした『石川県包括外部監査報告書』（2018 年 3 月）において、「石川県補助金交付規則では、補助事業の成果の報告を受けた際、『その報告に係る補助事業の成果が補助金の交付の決定の内容及びこれに附した条件に適合するものであるかどうかを調査し、適合すると認めたとき』に補助金の額を確定することしている。しかるに、連盟が実施する補助事業については、このような兼職関係により、連盟の実績報告書と県の確認者が同一人物となるケースが生じている。このことは、法令、条例、規則等の形式的な違反はないが、民間企業における内部統制と比べて十分な監視やガバナンスが効いているとまでは言えない状況にあり、実施報告書の確認体制の改善が必要である。」ということが「指摘事項」として、また、「補助事業の適切な執行を確実にするためにも、例えば、連盟職員の大半が県職員と兼職となっている現状を早期に解消するなど、改善のための検討が求められる。」ということが「意見」として公表されており、県と観光連盟との人的関係のあり方にも変化が求めら

れています。
　このように、補助金交付の仕組みや県と観光連盟との人的関係が大きく変わりつつあり、今後も、どのような制度改革がなされ、運用されていくかに注目していかなければなりません。

〔資料編〕

資料1　第57回自治体学校リーフレット
資料2　石川県MICE誘致推進事業助成金交付要綱
資料3　石川県MICE誘致事業助成金交付事務手続きの流れ（旅行に対する助成）
資料4　石川県職務に専念する義務の特例に関する条例
資料5　石川県職務に専念する義務の特例に関する規則

資料1　第57回自治体学校リーフレット

戦後70年、憲法が輝く
ホンモノの地方自治を学ぶ

みんなが先生　みんなが生徒

第57回 自治体学校 in 金沢

2015年7月25日(土)▶27日(月)
金沢市 本多の森ホール・金沢大学・石川県文教会館

1日目 ● 全体会 7月25日(土)12:30〜17:00

記念講演 地方自治の危機と再生への道―憲法と沖縄問題から考える

宮本憲一（大阪市立大学・滋賀大学名誉教授/日本環境会議名誉理事長）

安倍内閣の政策は憲法を無視し、戦後民主主義＝地方自治を危機に陥れている。この状況を打開する道が沖縄県民と翁長知事の抵抗に示されている。改めて戦後70年の地方自治の歴史、特に自治研活動や革新自治体の教訓に学び、民主主義再生の新しい道を語りたい。

主催 ● 第57回自治体学校実行委員会
後援　石川県/石川県議会/金沢市/七尾市/小松市/羽咋市/かほく市/能美市/津幡町/内灘町/志賀町/宝達志水町/中能登町/石川県市長会/石川県市議会議長会/石川県町長会/石川県町村議会議長会/朝日新聞金沢総局/毎日新聞北陸総局/読売新聞北陸支社/産経新聞金沢支局/北陸中日新聞/北國新聞社/石川テレビ/北陸放送/テレビ金沢/共同通信社金沢支局/時事通信社金沢支局

参加費

- 研究所個人会員 14,000円／一般 16,000円
  部分参加は、7/25 6,000円 7/26 7,000円
  7/27 4,000円。
- 現地分科会㉑㉒㉓は、上記の参加費のほかに、バス代、入館料、昼食代、(㉑は宿泊費含む)などの追加費用が必要です。
  折込の参加申込書とは別に申込みが必要です。
  詳しくは、自治体学校事務局まで現地分科会申込書をご請求ください。先着順に受け付けます。

参加費の割引

- 新規入会者割引 2日以上参加される方で、新規に自治体問題研究所に入会される方は、受付で4,000円キャッシュバックします。
- 地元参加者の割引現地実行委員会をつくってご協力いただいている地元石川県では、住民の方や町村議員(市議・県議は除く)を対象に、割引がございます。
  詳しくは、現地実行委員会
  (076-240-7103、090-3885-1526)
  までお問い合わせください。

昼食について

- 7月25日(土)の全体会場・本多の森ホール周辺は飲食店が少ないので、昼食をすませてご来場ください。
- 7月26日(日)の金沢大学周辺は、飲食店がありません。
  弁当をご持参いただくか、弁当(お茶付1000円)をお申し込みください。▶申込書へ

SCHEDULE スケジュール

●7月25日(土) 全体会
- 12:00～ 開場・受付
- 12:30～12:50 歓迎行事
- 13:00～13:10 開校あいさつ／地元歓迎あいさつ
- 13:10～14:10 記念講演(宮本憲一氏)
- 14:10～14:30 休憩
- 14:30～16:50 パネルディスカッション&リレートーク
- 16:50～17:00 次回開催地あいさつ・事務連絡・全体会終了
- 17:30～19:30 石川の酒と食を楽しむ会

●7月26日(日) 分科会・講座
- 9:30～16:00 分科会・講座
- 16:30～18:00 ナイター企画

●7月27日(月)
- 9:30～11:00 特別講演(中村浩二氏)
- 11:00～11:15 休憩
- 11:15～11:30 参加者感想
- 11:30～11:45 閉校あいさつ

第57回自治体学校実行委員会
〒162-8512 東京都新宿区矢来町123 矢来ビル4階 自治体問題研究所内
TEL:03-3235-5941 FAX:03-3235-5933
共催団体 自治体問題研究所／北海道地域・自治体問題研究所／オホーツク地域自治体研究所／青森県地域自治体問題研究所／岩手地域総合研究所／福島自治体問題研究所／茨城県自治体問題研究所／とちぎ地域・自治体研究所／ぐんま住民と自治体研究所／埼玉県自治体問題研究所／千葉県自治体問題研究所／東京自治体問題研究所／多摩住民自治研究所／神奈川自治体問題研究所／にいがた自治体研究所／富山県自治体問題研究所／いしかわ自治体問題研究所／山梨地方自治研究所／長野県住民と自治研究所／静岡県地方自治研究所／東海自治体問題研究所／滋賀自治体問題研究所／京都自治体問題研究所／大阪自治体問題研究所／兵庫県自治体問題研究所／奈良自治体問題研究所／和歌山県地域・自治研究所／しまね地域研究所／岡山県自治体問題研究所／広島自治体問題研究所／徳島自治体研究所／香川県自治と住民研究所／愛媛県自治体問題研究所／高知自治体問題研究所／福岡県自治体問題研究所／長崎地域・自治体研究所／くまもと地域自治体研究所／みやざき住民と自治研究所

●会場へのアクセス●

本多の森ホール
〒920-0935 金沢市石引4-17-1
TEL:076-222-0011

7/25●本多の森ホール
金沢駅東口(兼六園口)路線バス7番のりば
出羽町下車 徒歩5分 料金:200円
路線バス3・6番のりば 広坂・21世紀美術館下車 徒歩10分 料金:200円
路線バス5番のりば JRまちバス 21世紀美術館下車 徒歩10分 料金:100円
路線バス6番のりば 兼六園シャトルバス
成巽閣下車 徒歩5分 料金:100円
同 小型タクシー料金:1300円程度
※広坂、21世紀美術館からは登り坂になります。

金沢大学角間キャンパス・総合教育講義棟
〒920-1192 石川県金沢市角間町
TEL:076-264-5111代表

7/26●金沢大学角間キャンパス
金沢駅東口(兼六園口)路線バス6番のりばから⑬⑭⑰⑱で約40分 金沢大学中央下車
徒歩5分 料金:360円 時刻●8:00 8:15
8:30 8:45(増便します)
同 小型タクシー料金:2700円程度
香林坊 路線バス30分
金沢大学中央下車 料金:360円
時刻●8:30 8:45(増便します)

石川県文教会館・ホール
〒920-0918 石川県金沢市尾山町10-5
TEL:076-262-7311

7/27●石川県文教会館
金沢駅東口(兼六園口)
路線バス3・8・9・10番と6番のりばのほとんど 南町・尾山神社下車 料金:200円
香林坊から徒歩10分

※小松空港▷金沢駅西口 連絡バスで
約60分(特急バス約40分)
料金:1130円

第57回 自治体学校 in 金沢 KANAZAWA

1日目 ● 全体会　7月25日(土) 12:30〜17:00　本多の森ホール

12:30〜 歓迎行事　浅野獅子舞

浅野の獅子頭は江戸時代から伝わるもので、地元のからくり名人大野弁吉の作と言い伝えられ、獅子舞は浅野神社のお祭りに奉納されてきたものです。数年前から保存会ができ、選ばれて金沢城公園の催しなどにも披露されています。

13:00〜 開校あいさつ　学校長・八幡一秀
**　　　　 地元歓迎あいさつ　現地実行委員長・横山壽一**

13:10〜 記念講演
地方自治の危機と再生への道──憲法と沖縄問題から考える
宮本憲一(大阪市立大学・滋賀大学名誉教授/日本環境会議名誉理事長)

みやもと・けんいち　1930年に台北市で生まれ、名古屋大学経済学部卒業、金沢大学法文学部助教授、大阪市立大学商学部教授、立命館大学政策科学部教授を経て、2000〜2004年に滋賀大学学長を務め、現在、大阪市立大学名誉教授・滋賀大学名誉教授である。専門は、財政学・地域経済論・環境経済学など。元日本学術会議会員、日本財政学会・日本地方自治学会顧問、日本地方財政学会元理事長、自治体問題研究所元理事長、日本環境会議名誉理事長、『環境と公害』編集顧問など。

14:30〜16:50 パネルディスカッション＆リレートーク
戦後70年 築かれてきた平和と地方自治──その破壊を止めるために

コーディネーター　岡田知弘(京都大学)
パネラー　武田公子(金沢大学)
　　　　　岡庭一雄(長野県阿智村前村長)

地域経済から岡田知弘氏、財政学の立場から武田公子氏、小さくても輝く自治体づくりにたずさわってきた岡庭一雄氏が、平成の合併や「自治体消滅」論、地方創生戦略を検証し、憲法を暮らしのなかにいかす地方自治のあり方と展望について語り合います。地方自治破壊に対して、住民共同で運動を展開する沖縄、大阪、地元石川の自治の現場からもご報告いただきます。

17:30〜19:30 石川の酒と食を楽しむ会　本多の森会議室
会費 3000円／定員200人
▶申込書の欄に○をつけてお申込みください。

豊かな地下水で育まれた石川の酒と、歴史を感じさせる加賀野菜をふんだんに使ったお料理で皆様をお待ちしています。美しいチェロの調べを聴きながら、全国の皆さんとの交流をお楽しみください。各地の地酒の持ち込みも歓迎です。

2日目 ● 分科会・講座　7月26日(日) 9:30〜16:00　金沢大学角間キャンパス・総合教育講義棟

●分科会

1● 社会保障「解体」の現局面──医療・介護を中心に
助言者：横山壽一(金沢大学)
社会保障・税一体改革の具体化のもとで、大規模な給付減・負担増が進み、社会保障は解体の危機にあります。成長戦略と一体となった社会保障「改革」の全体像と現局面を、医療・介護を中心に明らかにし、取り組みの課題と方向を探ります。

2● 子どもの育ちを保障する
助言者：浅井春夫(立教大学)
昨年8月、「子供の貧困対策に関する大綱について」が閣議決定され、我が国の子供の貧困の状況が先進国の中でも厳しいとしています。このような子どもの貧困問題について、色々な立場から、子どもの貧困をなくすには何が必要なのかを考えます。

3● 原子力地域防災と再生可能エネルギー自立への道
助言者：立石雅昭(新潟大学名誉教授)
事故後4年、福島原発は収束とは程遠い。本分科会では、今なおお苦しみもがく現地自治体に学びながら、原発に対峙する立地並びに周辺自治体の役割を議論するとともに、再生可能エネルギーによる自立の課題と展望について語り合います。

4● 水は憲法に保障された生存権
助言者：穂積匡史(川崎水道住民訴訟代理人・弁護士)
今、水道の民営化とともに広域化、簡易水道の統合などを進め、良質な自己水源を放棄する自治体も少なくありません。川崎ではそれに対し「自己水源を守れ」と住民による訴訟が起きています。憲法・水循環基本法の精神から「水は誰のもの?」を問いなおします。

5● 非正規労働の拡大と官製…
助言者：黒田兼一(明治大学)
非正規労働が割合にのぼ…上となりました。法律を守る…残業代ゼロ法案、労使紛争の…サービスにどんな影響をもた…

6● 国土政策と公共施設再編…
助言者：森 裕之(立命館大学)
アベノミクスによって地域…心に改訂され、自治体でも対…自治体の自律的な発展のた…

7● 地域循環型経済と地域…
助言者：八幡一秀(中央大学)
「中小企業振興基本条例」…の資源を生かした地域循環…産業分野に向けて、どのよう…

8● 災害頻発時代と防災・減…
助言者：塩崎賢明(立命館大学)
東日本大震災復興の先行…大震災の20年の経験から何…大震災に向けて、どのように…

9● 平成の大合併の検証と「…
助言者：西村 茂(金沢大学)
いま、合併の検証を行う…併した自治体、しなかった自…これらの比較から、各地の経…

10● 平和憲法と地方自治──…
助言者：池上洋通(自治体問題研究所)
日本国憲法は、「国会」「内…中央に対し、住民自治を本質…とする地方自治の本質と現実…

●講座

11● 基礎講座A　地方自治…
講師：平岡和久(立命館大学)
財政を知らずして 住民自…財政に強くなりたい自治体職…し、自治体財政の分析方法…

12● 基礎講座B　憲法・地方…
講師：宮下和裕(福岡県自治体問…
なぜ憲法には、「第8章地方自…治、議会と住民の関係、間接…獲得してきたのか、現在の課…

●現地分科会

21● 世界農業遺産・能登の…
世界農業遺産に指定された能登の…通じた里山保全、廃止された○○線…ナー制と伝統行事継承等の話を聞き…
◆集合：7月25日(土)17:20 (出発：17:30)
集合場所：全体会場・本多の森ホール
◆解散：7月26日(日)18:00
解散場所：金沢駅(交通事情により延…
◆追加費用：19,000円(宿泊・夕食・朝食…
◆定員：36人

22● 創造都市金沢の内発的…
日本の創造都市としての評価が高い…発展のあり方を学びます。環境関連機…産業のレクチャーと施設見学のほか、…を行います。
◆集合：7月26日(日)8:50 (出発：9:00)
集合場所：JR金沢駅金沢港口(西口)
◆解散：同　16:30 (町並み案内解散先…
解散場所：蓮ノ目下交差点(町並み案…
◆追加費用：4,500円(昼食・手作り体験…
交流会費(オプション・参加者のみ)…
◆定員：35人

ワーキングプアを考える

、2000万人を超え、年収200万円未満の労働者は1000万人に
る自治体が脱法行為で多数の非正規職員を雇用しているこ
の金銭解決などの労働法制改悪。官製ワーキングプアは、住民
らすのでしょうか。

の中の自治体政策のあり方

間格差が拡大するなか、あらゆる国の制度が「地方創生」を中
心が不可欠となっています。こうした潮流をおさえながら、地域
めの政策について検討します。

づくり

の制定をはじめ、地域の中小企業(農業含む)を主役に、地域
型経済への転換の動きが各地でひろがっています。各地域や
地域経済再生の展望について考えます。

災対策

きはなお不透明です。この状況を打破するうえで、阪神・淡路
何を学ぶべきか。また近い将来に予想されている首都圏や西日本
えるべきかを考えます。

地方創生」

とが、今後の住民自治に展望を与えるのではないでしょうか。合
治体、合併自治体の中心部、周辺部。合併前後の評価の変化。
験を交流します。

究所理事)

戦後70年のいま基本から学び合う地方自治

内閣」「司法」と同じく「章」を立てて「地方自治」を定めました。
縄と福島などの報告をふまえ、平和と基本的人権の実現を任務
的な課題を、主権者市民の目から分かりやすく学び合います。

と財政のしくみ

自治は実現しません。本講座は、新しく地方議員になられた方や
員、市民団体のみなさんに、地方財政の仕組みを基本から解説
ついて事例を交えて紹介します。

自治のしくみと議会活動

題研究所)

自治」が導入されたのち、憲法3原理を支える土台としての地方自
民主主義と「半代表」、戦前・戦後の地方自治の歴史を通して
題と将来展望を語りあい、実践的な交流もおこないます。

里山里海を活かす地域づくり

里山里海を活かした地域おこしを視察します。茶炭づくり・植林
の遺産活用、「限界集落」金蔵の取り組みや、白米千枚田のあ
ります。

駐車場

あり)

・昼食、バス代など)

発展を学ぶ

金沢の産業における内発的発展の特質を知り、地域産業
菓製造業、醤油業、和菓子業(手作り体験含む)、伝統工芸
オプションとして、歴史的町並み案内、加賀料理店での交流会

)出口付近
場内解散場所:ひがし茶屋街)
験、バス代など)、
用集金:5,000円

23●障がいのある人とともに生き生き・まちづくり

障害者権利条約が批准され、障がいのある人が普通に地域で暮らすことができる社会の構築が求められます。障がいのある人の外、様々な人達が寄り添い住む街「シェア金沢」やシイタケ栽培で地域に根ざす事業所「ゆうの丘」等を見学後、金沢市障害者計画の報告があります。

◆集合:7月26日(日)8:30 (出発8:40)
  集合場所:金沢駅金沢港口(西口)団体バス乗降場
◆解散:7月26日 16:30 (交通事情により延着あり)
  解散場所:金沢駅金沢港口団体バス乗降場
◆追加費用:3,500円(昼食、バス代など)
◆定員:35人

★ナイター企画★★★★★★★★★★★★★★★★★★★★★

①議員交流会――住民の願いに応える議会改革を
  議論しあう議会、ひらかれた議会、首長をチェックできる議会…。住民の願いに応えるためどんな議会基本条例がいいのか、議会活動はどうあるべきかを考えます。

②「まち研」交流会――地域の今と将来を語り合いませんか
  助言者:平岡和久(立命館大学)
  いま各自治体で地方創生の総合戦略づくりが行われています。地域にしっかり根ざし、住民、職員、議員、地元企業、研究者等の参加で"ホンモノ"の計画づくりにしていくことが大事です。「まち研」の出番です。大いに語り合いましょう。

③講座●日本語で学ぶ「韓国の地方自治」
  講師:具 滋仁 Gu Jain(忠南発展研究院農村農業研究部責任研究員)

  韓国の全羅北道に、全国からの視察が絶えない農村自治体・鎮安郡があります。報告者は、日本の大学で学位を得た後、その自治体に専門職の契約職員として入職、住民とともに疲弊した農村の発展を実現してきました。

④講座●共通番号制度のカラクリ
  講師:白石 孝(反住基ネット連絡会)

  2015年中に個人と法人にそれぞれ固有の番号(マイナンバー)が交付され、2016年1月から利用が始まります。番号制度は、より公平な社会保障や税制の基盤として必要だと言います。しかし、それは本当に実現可能か その本質を学びます。

⑤自主交流会●住民の「生存権」を守るために
  ～住宅扶助・冬季加算の削減等に対する、各地の取り組みを学ぶ～
  2012年の相対的貧困率は16.1%と過去最悪を更新されました。そのような中で、生活保護生活扶助費が2013年度から3年連続でカットされ、さらに追い打ちをかけるように本年7月以降は、住宅扶助や冬季加算の削減が行われています。住民の「生存権」を守るために、各地の取り組みを交流し学び合いたいと思います。

⑥講座●国保の都道府県単位化とは何か
  講師:長友薫輝(三重短期大学)
  都道府県単位化によって、医療費抑制の新たな段階に入ります。市町村だけでなく、都道府県が国保の運営に加わることでどうなっていくのか、自治体の政策課題のみならず、国保をめぐる運動の課題・方向性についても検討します。

3日目●全体会 7月27日(月)9:30～11:45
石川県文教会館・ホール

特別講演●世界農業遺産『能登の里山里海』と地域再生～
  自治体と大学の連携による人材育成をとおして
中村浩二(金沢大学特任教授、里山里海プロジェクト・代表)

  『能登の里山里海』は、2011年に日本で初めて「世界農業遺産」に認定されましたが、能登半島の人口減少と高齢化はさらに厳しさを増しつつあります。能登の自治体と大学が、連携して取り組んできた人材育成による地域再生の取り組みを紹介します。

  なかむら・こうじ 1947年生まれ。京都大学農学部卒業、同大学院修了、博士課程修了。1977年より金沢大学に勤務、2013年金沢大学を定年退職、名誉教授、特任教授に着任。農学博士(京都大学)。専門は生態学(昆虫、里山、熱帯、生物多様性など)。国連大学などの「日本の里山・里海評価」、国連食糧農業機関による世界農業遺産などに関わっている。金沢大学「里山里海プロジェクト」代表、能登キャンパス構想推進協議会幹事長として、能登半島と石川県の里山里海の保全、総合活用、地域再生に取り組んでいる。

●参加者感想 自治体学校で学んだこと ●閉会あいさつ 実行委員長・松繁美和

[3頁]

資料2　石川県MICE誘致推進事業助成金交付要綱

（趣旨）
第1条
　公益社団法人石川県観光連盟（以下「連盟」という。）は、県外客誘客促進のため、各種団体や企業等が実施する宿泊を伴う団体旅行、会議、研修、大会、報奨旅行（以下「団体旅行等」という。）に対し、その旅行費用、または、その下見にかかる経費、若しくは、県内のスポーツ・文化団体・サークル等の団体との宿泊を伴う交流を行う県外の団体の旅行（以下「交流旅行」という。）の費用の一部を予算の範囲内で助成することとし、その助成金については、この要綱の定めるところによる。

（助成対象、助成額及び条件）
第2条
1　団体旅行等に対する助成対象及び条件等は下記のとおりとする。
　(1)　助成対象
　　　　助成金の交付対象は、県外からの100人以上の宿泊を伴う団体旅行等で連盟が認めたもの。ただし、学校が実施する修学旅行、部活動に伴う遠征等（以下「修学旅行等」という。）は対象としない。
　(2)　助成額及び条件
　　　　宿泊者1人につき500円とし、50万円を限度とする。
　(3)　能登・加賀地域に宿泊をする場合の助成額の上乗せ
　　　　宿泊者が1,000人以上の団体旅行等で、かつ能登・加賀（金沢市以外）に宿泊する場合は、能登・加賀に宿泊する者1人につき

1,000円を上乗せ助成するものとし、上乗せ分の限度額を50万円とする。
(4) 下見費用に対する助成
　　団体旅行等または修学旅行等を計画する者が連盟に申し出て、団体旅行等または修学旅行等の実施を前提とした県内への宿泊を伴う下見を行う場合、下見のために必要と認められる合理的経費の一部を宿泊者1人につき50,000円を限度として、宿泊2人分までを助成することができる。

2　交流旅行に対する助成対象及び条件等は下記のとおりとする。
(1) 助成対象
　　県内のスポーツ・文化団体・サークル等の団体との20人以上の宿泊を伴う交流を行う費用。ただし、例年実施される大会等に参加するものは、対象としない。
(2) 助成額及び条件
　　宿泊者1人につき500円とし、50万円を限度とする。ただし、岩手県、宮城県、福島県の団体が行う交流旅行は、宿泊者1人につき1,000円とする。

3　以下の団体旅行等及び交流旅行は、助成対象しない。
① <u>宗教活動、政治活動を目的とするもの。</u>　←
② 営利を目的とするもの。
③ 国又は地方公共団体が主催、或いは運営に関与するもの。
④ 国又は地方公共団体から補助金等の交付を受けるもの。ただし、県内の自治体がこの要綱と同様の趣旨で交付する補助金を除く。
⑤ その他連盟が不適当と認めたもの。

（助成金の交付申請）

第3条

　団体旅行等の助成を受けようとする者は、様式第1号（下見費用に対する助成にあっては様式第5号、交流旅行にあっては様式9号(ママ)）に定める助成金交付申請書を旅行開始の2週間前までに連盟に提出しなければならない。

（助成金の交付予定額の決定及び通知）

第4条

　連盟は、前条の規定に基づく申請書の提出があり、審査のうえ適当と認めたときは、様式第2号（下見費用に対する助成にあっては様式第6号、交流旅行にあっては様式第10号）による助成金交付予定通知書により申請者に通知するものとする。

（助成事業の実績報告書）

第5条

　助成事業を完了したときは、完了の日から20日を経過する日までに様式第3号（下見費用に対する助成にあっては様式第7号、交流旅行にあっては様式第11号）により実績報告書を連盟に提出しなければならない。

（助成金の額の確定）

第6条

　連盟は、前条の実績報告を受理したときは、その審査を行い交付すべき助成金の額を確定し、様式第4号による確定通知書（下見費用に対する助成にあっては様式第8号、交流旅行にあっては様式第12号）により申請者に通知するものとする。

（助成金の請求）

第7条

　助成金を請求しようとするときは、様式第13号による助成金請求書を連盟に提出しなければならない。

（その他）

第8条

　この要綱に定めるもののほか必要な事項は、連盟が定める。

　　注：63頁の下線と矢印は、観光連盟から送られてきたファクシミリにあったものを再現した。

資料3　石川県 MICE 誘致事業助成金交付事務手続きの流れ（旅行に対する助成）

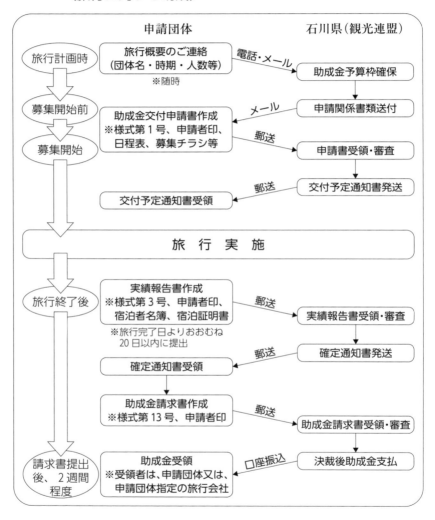

資料4　石川県職務に専念する義務の特例に関する条例

（この条例の目的）

第一条　この条例は、地方公務員法（昭和二十五年法律第二百六十一号。以下「法」という。）第三十五条の規定に基き、職務に専念する義務の特例に関し、必要な事項を規定することを目的とする。

（職務に専念する義務の免除）

第二条　職員は、左の各号の一に該当する場合においては、あらかじめ任命権者又はその委任を受けた者の承認を得て、その職務に専念する義務を免除されることができる。

一　研修を受ける場合

二　厚生に関する計画の実施に参加する場合

三　削除

四　法第五十五条第一項の規定により、職員団体の代表者として、当局と交渉を行う場合

五　県と市町村との相互協力のため市町村職員に併任される場合

六　その他石川県人事委員会（以下「人事委員会」という。）が定める事由に該当する場合

（人事委員会への委任）

第三条　人事委員会は、前条の承認の基準について、必要な事項を定めることができる。

資料5　石川県職務に専念する義務の特例に関する規則

　職務に専念する義務の特例に関する条例（昭和二十六年六月石川県条例第二十七号）第二条第六号に規定する石川県人事委員会が定める事由に該当する場合とは、次の各号のいずれかに該当する場合をいう。
一　地方公務員災害補償法（昭和四十二年法律第百二十一号）第五十一条第一項及び第二項並びに附則第四条の規定により、公務災害補償に関する審査を申し立て、又はその審査に出頭する場合
二　地方公務員法（昭和二十五年法律第二百六十一号。以下「法」という。）第四十六条の規定により、勤務条件に関する措置を要求し、又はその審理に出頭する場合
三　法第四十九条の二第一項の規定により、不利益処分についての審査請求をし、又はその審理に出頭する場合
四　法第五十五条第十一項の規定により、当局に対し不満を表明し、又は意見を申し出る場合
五　職員の苦情相談に関する規則（平成十七年石川県人事委員会規則第二号）第五条の規定により、事情聴取、照会その他の調査に応ずる場合
六　国又は地方公共団体の公務員としての職若しくは、その他の団体の役員としての職を兼ね、その職に属する事務を行う場合
七　特別職としての職を兼ね、その職に属する事務を行う場合
八　県が設立に参画し、その運営に当たつて必要な援助を与えることとされている公社、団体等の職員を兼ね、その職に属する事務を行う場合
九　前各号に掲げる場合を除くほか、人事委員会が特に適当と認める場合

[著者紹介]

榊原秀訓（さかきばら・ひでのり）

南山大学大学院法務研究科教授
1959年、静岡県生まれ。1982年、名古屋大学法学部卒業、87年、名古屋大学大学院法学研究科博士後期課程満期退学。その後、名古屋大学法学部助手、鹿児島大学法文学部助教授、名古屋経済大学法学部助教授、同教授を経て、2004年、南山大学法学部教授、2006年より現職。

主な著作

『住民参加のシステム改革』（共著）日本評論社、2003年
『行政民間化の公共性分析』（共編著）日本評論社、2006年
『イギリスの市場化テストと日本の行政』（共著）自治体研究社、2006年
『自治体ポピュリズムを問う―大阪維新改革・河村流減税の投げかけるもの』（編著）自治体研究社、2012年
『地方自治のしくみと法』（共著）自治体研究社、2014年
『地方自治の危機と法―ポピュリズム・行政民間化・地方分権改革の脅威』自治体研究社、2016年

地方自治体の補助金にみる政治的中立性
――石川県MICE助成金不交付問題

2018年5月25日　初版第1刷発行

　　　　著　者　榊原秀訓
　　　　発行者　福島　讓
　　　　発行所　㈱自治体研究社
　　　　　　　　〒162-8512 新宿区矢来町123 矢来ビル4F
　　　　　　　　TEL：03・3235・5941／FAX：03・3235・5933
　　　　　　　　http://www.jichiken.jp/
　　　　　　　　E-Mail：info@jichiken.jp

ISBN978-4-88037-681-3 C0032

印刷：モリモト印刷株式会社
DTP：赤塚　修
装丁：アルファ・デザイン

自治体研究社

地方自治の危機と法
──ポピュリズム・行政民間化・地方分権改革の脅威

榊原秀訓著　定価（本体2000円＋税）

行政が市民の意思を離れてはいないか。憲法から地方自治法に至るほんとうの意義に寄り添い、立憲主義に即して地方自治のあり方を考える。

地方自治法への招待

白藤博行著　定価（本体1500円＋税）

辺野古訴訟や国立景観訴訟等を取り上げ、地方自治法が憲法の保障する民主主義への道であり、基本的人権を具体化する法であることを追究。

地方自治の再発見
──不安と混迷の時代に

加茂利男著　定価（本体2200円＋税）

何が起こるか分らない時代―戦争の危機、グローバル資本主義の混迷、人口減少社会―激流のなかで、地方自治を再発見する。［現代自治選書］

地方自治のしくみと法

岡田正則・榊原秀訓・大田直史・豊島明子著　定価（本体2200円＋税）

自治体は市民の暮らしと権利をどのように守るのか。憲法・地方自治法の規定に即して自治体の仕組みと仕事を明らかにする。［現代自治選書］

日本の地方自治 その歴史と未来　［増補版］

宮本憲一著　定価（本体2700円＋税）

明治期から現代までの地方自治史を跡づける。政府と地方自治運動の対抗関係の中で生まれる政策形成の歴史を総合的に描く。［現代自治選書］